LA MATERIA QUE REFULGE

Marta Blanco Fernández

COLECCIÓN ITES

LA MATERIA QUE REFULGE

© Marta Blanco Fernández
© de esta edición: Olé Libros, 2025

Portada: Detalle de *Alegoría de la Caridad*,
de Francisco de Zurbarán

ISBN: 979-13-87620-13-4
Depósito legal: V-266-2025
Impreso en España

KALOSINI, S. L.
Grupo editorial olélibros
equipo@olelibros.com
www.olelibros.com

Ella era el pájaro ligero y la fuente radiante,
el camino secreto y el arbusto risueño,
la noche estival ebria y sin miedo.

EDITH SÖDERGRAN

Porque yo soy la primera y la última.

EL TRUENO, LA MENTE PERFECTA,
MANUSCRITOS DE NAG HAMMADI

Jardinera,
cuando un nuevo jardín
florezca de tu aliento,
recuerda que quise ser
olivo en la ladera
sobre una fértil tierra.

La luz del silencio

En la marea más negra
de la noche
mi corazón se sobrecoge.
¿Qué de cierto hay
en la luz de las estrellas?
Madre,
detrás de esa luz
tu silencio me llama.

Sacrificio

Y si yo,
de pie frente al altar,
desnuda y fría,
me encontrara
y supiera
que al final del último aliento,
tras la sangre y el dolor,
con el tuyo me hallaría.
¡Oh, Señora! ¿Qué haría?
¿Entregarme cual cordera,
mansa y confiada,
o girar sobre el mármol vacío
y echar a andar entre la gente?
Dime Tú,
si no hubiera voluntad,
¿sería igual el sacrificio?

¡MIRA LA CIERVA!

—Arquera,
¿dónde está tu flecha?
¿Por qué miras
boquiabierta
el árbol,
la cierva
y su espléndido pelaje?
—Un mundo entero
se refleja en sus pupilas.
De sus patas
brotan
un sinfín de melodías
y el latido de la tierra
bombea
en su
pequeño pecho.

TANTA BELLEZA

Han venido las abejas
a libar
las flores de la madreselva.
Dicen
que se mueren las abejas.
¿Quién detendrá
su vuelo entonces
para besar tanta belleza?
En mi pecho
crece una gran flor
para alimentar
a las estrellas.

Ese hilo dorado

Subes los escalones
de tu trono sublime y me contemplas
desde el Gran Arriba.
No soy más
que una mujer
anclada en un Tiempo
que no te pertenece.
Amada, no es tu tiempo,
pero de mi corazón brota un hilo dorado
que me arrastra
al zigurat y a tus palmeras,
que susurran
tu nombre en alabanza
cuando el viento las agita.
Mis labios se alzan
hacia las estrellas,
silabeo tu nombre,
el más antiguo.
Mis palabras,
bordadas en oro
en el tapiz de la noche,
ascienden a tu Templo celeste,
y tu corazón de madre,
abandonado por los siglos,
palpita al compás del Universo
y en Amor se regocija.

Lo que le susurraba Inanna en sueños

Mi Ninshubur,
mi Reina reencarnada,
mi fiel amiga,
¡has vuelto!
Desde aquí te veo a través
de la gran bruma del tiempo.
¡Hornea ya los panecillos!
¡Escancia la cerveza!
Te he visto, te he visto,
te he visto y te he encontrado.
Vamos, Ninshubur,
canta para Mí,
con tu voz de oscuro terciopelo,
contonea tu figura,
unge al fin tus dulces miembros,
rasga la bruma con tus uñas afiladas
y recuerda.

Lo que dijo ella tras recordar

Cuando todo parezca perdido
yo rescataré la barca para Inanna,
seré de nuevo Ninshubur,
gritando en el abismo.
Reina de Oriente reencarnada
tajaré los aires
con mis manos
y ajaré la Tierra
para tornar la Barca Celestial a mi Señora,
Inanna.

ALABANZA

Recojo, quemo incienso,
respiro y espero.
Cuando Ella entra
en mi lugar sagrado
el tiempo afuera se detiene.
Las televisiones siguen monódicas
sus gritos de espanto y sangre,
pero yo
amaso la harina
en mi vieja panificadora
y horneo panecillos para Inanna,
vierto agua fresca para Ella,
le ofrezco cerveza,
le hablo con respeto,
cubro la mesa sagrada
con un mantel de flores,
siete veces levanto
mi copa por Inanna,
morada segura,
refugio del Mundo.

CORAJE

Tanto, tanto vértigo
girando hacia lo ignoto
en trayectoria descendente.
¿Acaso no soy yo también
una de Tus leonas?
Sopla en mi frente su coraje.

TRES LUCIÉRNAGAS

Tres luciérnagas me traen
un manto desde el cielo.
Es un manto ligero,
casi de ala de insecto.
Me lo pongo.
Me veo bien con él.
Quiero cubrirme
con mi manto nuevo,
acurrucarme y descansar
sobre el bancal reverdecido.

¿Por qué me extraño de mi brillo
si fui creada
a partir
de una materia
que refulge?

TU SILENCIO

Tu silencio
es el silencio
de los árboles.
¿Qué sentido tiene
interpretar
el murmullo de las hojas,
el temblor
de las ramas desnudas,
la rugosidad de la corteza,
si mi corazón
perdió la savia
y teme con dolor
que no haya primavera?

Si no sana hoy

Ofrendo a la tierra
mi dolor,
mi sangre vieja,
la conciencia de la senectud.
Ella
compostará mis miedos,
suavizará mi temple,
abrazará mis pies
con sus caminos,
me ofrecerá un lugar
fresco, verde y encantado
donde podré otra vez
mirar al cielo.

Destino

Mi destino, al fin:
ser
caminante de las estaciones,
exploradora del otoño
y las tristes arboledas.
Cuando yo no esté
quizás el eco de mis pasos
resuene
en vuestros verdes corazones.

SI TÚ LLORAS

La Diosa se cansa, Inanna también se cansa.
Su corazón se ha llenado de lágrimas,
tiembla con una horrible visión.
Su pena cubre el horizonte
como un manto pesado.
Si Tú lloras, yo me vestiré de negro
y elevaré un lamento en tu honor
entre las ruinas del Mundo.
Me arrastraré hasta el Gran Manzano
y buscaré tu magnífico trono.
Seré tu soporte constante,
tu árbol más fértil,
tu mujer más sabia.
Pero déjame,
déjame que alcance
el significado de tus sueños,
déjame que te alise
la santa cabellera
y masajee tus pies
con ungüentos
de miel y de mirra.

Holy Mary

I

Quizás
no pisabas el dragón,
sino que irradiabas
sobre él
toda tu magia concentrada
en la ternura
de tus ojos
y en el rojo
de tu corazón sagrado.
Quizás
no sea el manto
lo que roce misterioso
el creciente lunar
que te sostiene,
quizás
sean tus pies,
descalzos y morenos
testigos de caminos polvorientos
y senderos olvidados,
los que se apoyan
con firmeza
sobre tu más preciosa
epifanía.

II

Fue la ausencia de tu amor
lo que más hirió
mi corazón
entonces descreído.
Decirte adiós
fue despedirme
de mi refugio constante,
de la seguridad de tu abrazo en la noche,
de tu manto de estrellas.
Por eso
no dudé
cuando volví a encontrarte:
eras la misma,
solo cambiaba
tu envoltorio:
majestuosa y serena
extendías los brazos hacia mí
y me llamabas *hija*.

Sola,
como la estrella más sola
entre las estrellas del cielo,
brillas tú.
Titilas.
Resplandeces.
Hablas el lenguaje de las flores.
Las briznas de hierba te coronan,
los abetos te conocen
y el serbal, en la mañana,
movió sus ramas hacia ti.
Todo en el bosque te contempla.

COLLAGE

Yo lo vi.
Y el cuervo supo
que lo había visto.
Negro.
Brillante.
Oscuro y trágico.
Como el final
de un cuento horrible.

Me curó el jazmín

Solo cuando estuve
cerca del jazmín
supe
que el jazmín es manso.

Völuspá en blanco y negro

A sor Ana de la Trinidad y a Edith Södergran
(dos poetas separadas por los siglos y unidas por una visión)

I

Blanco

¿Lo vio la völva?
¿La völva fue capaz
de conjurar los tiempos y la niebla?
¿La völva vio
a Ana
saltando aquellos muros,
rompiéndose los huesos
en su huida feroz
hacia el convento?
¿Lo vio la völva?
¿La völva vio a Edith
acompañada
solo por sus gatos,
aislada,
desahuciada,
vestida únicamente con sus versos?
Yo he visto a la völva
envuelta en su piel
de loba blanca,
sentada
sobre su trono de huesos,
mirando sin sorpresa
desde el principio del tiempo.

II
Negro

La vidente reencarnó
en una anciana
de este siglo.
Su corazón de völva
reventó
ante tanto sacrilegio:
«¿Qué lugar es este
en el que los dioses
ni siquiera tienen nombre?
¿Qué sabréis vosotros
de los nueve mundos,
de Yggdrasil
y sus raíces,
ni de Odín
o de sus letras?».
El espíritu del Ragnarök
estranguló cruelmente
su garganta:
a pesar de su grandeza,
a pesar de sus poderes,
triste fue el destino
de los dioses.

ETERNO RETORNO

Como una hoja en invierno
temblaba mi corazón,
con la triste conciencia
de que un soplo,
una ráfaga de viento,
un aullido en la noche
eran suficientes
para desprenderme
de todo lo que había conocido,
mi amado tronco,
mi rama hermosa,
la seguridad de mis raíces.
Entonces,
cuando a punto estaba
de quebrarse mi valor,
lo supe.
Ella me lo mostró.
No soy solo la hoja,
soy la savia que riega
los verdes tejidos,
soy la flor que se abre
al amor de las aves
y después recorre los cielos
prendida en sus picos,
soy corteza rugosa
compostando la tierra,
vida constante
y eterna.

Niña divina

Amamantada en el cielo,
con leche estelar,
tu cuerpo se comba extasiado,
tus pies se apoyan apenas
en galaxias violetas.
La oscuridad del vacío te sostiene.
Niña dorada,
canta en mi regazo tus misterios.

SEPTIEMBRE

Rojea la granada
y la cigarra
cesa ya
su estrepitoso canto.
En la playa
los turistas
recogen sus sombrillas
y retornan, taciturnos,
a la lluvia
y los zapatos grises.
A lo lejos
mar adentro,
azul y quieto,
se adivina de Ibiza
el gris contorno.
Hasta las aves emprenden su viaje
sin volver la vista atrás,
sin añoranza.
Si alguna vez
fui ave,
ya no lo recuerdo.
Madre, dónde regresará
mi corazón
tras el verano.

Cuántas rosas

Cuajado de rosas
el árbol
a los pies de la montaña
me sonríe.
Caminante
sin destino
¡recuerda su fragancia
cuando al fin
lleguen las lluvias!

Yo, que dibujé en las cuevas
la imagen de la cierva embarazada,
que he recorrido tu camino
tantas veces sobre el templo,
el mar y la montaña.
Yo, que limpié y lustré
el mármol de tu efigie en Éfeso
y grité tu nombre
en Hemersokopeion
para llamar a los atunes;
que agité los sistros
hasta dolerme la muñeca,
y por cantar tus alabanzas
me hirieron y humillaron,
me entrego a ti, en sacrificio,
Maestra Loba,
para que me devores sin sangre
y de mí nazca
la promesa de una nueva yo
que te siga cantando
hasta el final de los tiempos.

ÍNDICE